# LETTRE

DE

## MONSEIGNEUR L'ARCHEVÊQUE D'ALGER

A

M. LE DIRECTEUR DE L'ŒUVRE DES ÉCOLES D'ORIENT

SUR LA MISSION D'AFRIQUE

ET LA

## CRÉATION DE VILLAGES D'ARABES CHRÉTIENS

## EN ALGÉRIE

PARIS

AUX BUREAUX DE L'ŒUVRE DES ÉCOLES D'ORIENT

RUE DU REGARD, 12

1876

# LETTRE

DE

## MONSEIGNEUR L'ARCHEVÊQUE D'ALGER

À

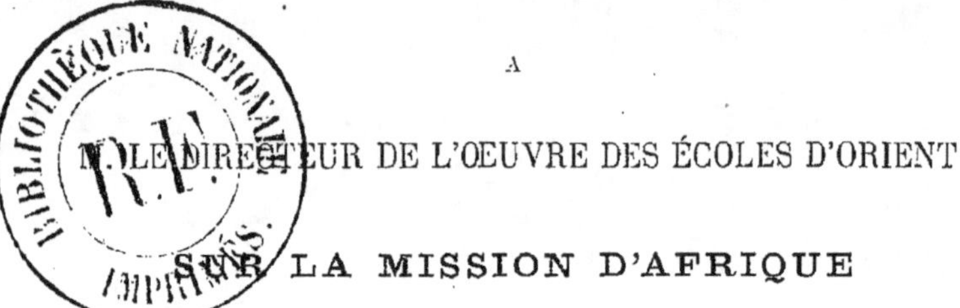

M. LE DIRECTEUR DE L'OEUVRE DES ÉCOLES D'ORIENT

SUR LA MISSION D'AFRIQUE

ET LA

## CRÉATION DE VILLAGES D'ARABES CHRÉTIENS

## EN ALGÉRIE

PARIS

AUX BUREAUX DE L'OEUVRE DES ÉCOLES D'ORIENT

RUE DU REGARD, 12

1876

# LETTRE

## DE MONSEIGNEUR L'ARCHEVÊQUE D'ALGER

A

### M. LE DIRECTÉUR DE L'ŒUVRE DES ÉCOLES D'ORIENT

### SUR LA MISSION D'AFRIQUE

### ET LA CRÉATION DE VILLAGES D'ARABES CHRÉTIENS

## EN ALGÉRIE

————◦⋙◦————

Monsieur le Directeur,

Vous me demandez des nouvelles de nos œuvres, et votre demande est tout à la fois un reproche et une marque d'intérêt auxquels je suis également sensible. Si je vous écris moins, ne croyez pas que ce soit par indifférence. Non, c'est un calcul chez moi que de laisser la parole aux héritiers naturels de mes œuvres et de commencer un silence que la mort rendra un jour complet. Je fais comme l'oiseau qui enseigne à ses petits à se servir de leurs ailes.

Néanmoins, puisque vous me provoquez si aimablement, je viens vous dire où nous en sommes, d'autant plus à l'aise, cette fois, qu'en vous parlant de nos œuvres, je vous parlerai moins de ce que j'ai fait que de ce que font mes fils, les missionnaires d'Alger.

Il y a un an que j'ai constitué leur société d'une manière définitive. Sous la direction immédiate du P. Deguerry, son supérieur et mon vicaire auprès d'elle, elle continue avec les Sœurs des Missions d'Afrique, mes filles, elles aussi, toutes les œuvres commencées.

Celle qui doit vous intéresser le plus, parce que c'est celle à laquelle vous vous êtes d'abord associé, est l'œuvre des Orphelinats indigènes. La voici dans la neuvième année de son existence. C'est vous dire que les enfants ont grandi, et que beaucoup d'entre eux sont déjà des hommes. Il nous en restait encore, cependant, durant cette année, cinq cents et quelques, divisés en plusieurs établissements : le Petit-Séminaire arabe, à St-Laurent-d'Olt, l'orphelinat de Marseille, celui de la Maison-Carrée, celui de Notre-Dame d'Afrique et enfin le grand orphelinat de filles à Kouba qui, à lui seul, en renferme environ deux cents. Partout, nous sommes satisfaits. S'il y a de petites misères, et où n'y en a-t-il pas ? elles sont, grâce à Dieu, peu nombreuses, et les résultats acquis sont considérables.

Je voudrais pouvoir vous faire visiter, de nouveau, ces établissements ; vous verriez quels progrès accomplis déjà, quelle bonne volonté, souvent quels sentiments exquis ! J'ai là sous la main les lettres que m'ont adressées, il y a quelques jours, les enfants de Notre-Dame d'Afrique. Personne n'y a ajouté une seule syllabe. Dites-moi si tous les pères ne seraient pas heureux d'entendre leurs fils exprimer des sentiments comme ceux de la lettre que voici, et qui m'est écrite par l'enfant d'une tribu du Sahara :


Monseigneur,

C'est avec le plus grand bonheur et avec les sentiments de la plus vive affection que nous venons aujourd'hui nous grouper autour de vous pour vous témoigner notre faible mais sincère reconnaissance pour les bienfaits nombreux et incomparables dont vous nous avez comblés jusqu'à ce jour.

Nous nous sentons heureux de pouvoir venir vous remercier des peines et des fatigues que vous avez endurées pour la gloire de Dieu et pour notre salut. Vos soins ont été ceux d'un père et d'un apôtre.

Connaissant plus que jamais le prix d'un si bon Père, nous prierons le Seigneur avec plus de ferveur de vous conserver à notre affection filiale en vous accordant de longs jours.

Nous nous sentons déjà exaucés si nous considérons la bonté de Dieu qui nous a faits chrétiens, préférablement à beaucoup de nos frères, et qui encore naguère nous a accordé la guérison de notre Père, au moment où une maladie l'affaiblissait de jour en jour et nous donnait des craintes terribles. Cependant Dieu ne pouvait pas nous priver sitôt d'un si bon Père. Grâce à Dieu, aujourd'hui toute crainte est dissipée, et nous voulons désormais nous montrer dignes de vous par notre charité à l'égard de nos frères, par notre piété et nos progrès dans la perfection; ainsi nous espérons faire votre consolation. Daigne le Ciel exaucer nos vœux. Daignez vous-même, notre bien-aimé Père, bénir vos enfants qui demandent à vos pieds avec bonheur votre bénédiction paternelle pour l'année qui commence.

Célestin ben Mokhtar.

Mais les enfants de nos orphelinats ne sont pas les seuls qui excitent notre sollicitude. Un grand nombre, leur éducation finie, ont quitté durant les trois dernières années, ces établissements.

C'est pour eux que nous avons commencé l'Œuvre de nos petits villages d'Arabes-Chrétiens.

Vous en connaissez un déjà, celui de Saint-Cyprien, dont je vous ai plusieurs fois entretenu. Nous en avons fait un second auquel nous avons donné le nom de Sainte-Monique. Il est situé à six kilomètres du premier. Nous aurions bien besoin d'en faire immédiatement un troisième et même un quatrième. L'argent seul nous manque, et vraiment c'est un grand malheur pour nos enfants, et, pour nous, un chagrin véritable.

Le village, c'est, en effet, la sauvegarde de nos enfants. Là, réunis sous les yeux des Missionnaires, se soutenant les uns les autres, s'excitant par l'exemple au travail et aux vertus de la famille chrétienne, ils sont à l'abri des dangers qu'offre de toutes parts, une colonie qui se forme et où les passions se donnent si facilement carrière. Ce sont des oasis au milieu de ce désert brûlé par tant de feux. Là croissent non plus seulement nos fils, mais nos petits-enfants, car je suis depuis longtemps *grand-père*, et vous l'êtes avec moi. La plupart de nos jeunes ménages formés des orphelins adoptés par vous ont déjà des enfants, quelques-uns en ont eu jusqu'à deux et trois, car tout va vite dans ce pays du soleil.

Je voudrais que vous me vissiez lorsque je vais faire visite au village de Saint-Cyprien, entouré de tout ce petit monde, qui m'appelle « Grand-Papa Monseigneur, » et qui me tire, et qui monte sans respect sur mes genoux, pour voir si je n'ai plus de bonbons à distribuer. Je me laisse faire avec joie comme vous pensez, et mêlant les souvenirs païens de mon vieil Homère aux sentiments de l'Evangile, je pense à Andromaque regardant son fils, souriant à travers ses larmes, et je fais comme elle en pensant à la bonté de Dieu qui s'est servi de votre charité pour procurer la vie à tant de créatures innocentes, destinées à servir un jour ses desseins. Il n'y a qu'à l'église que ces petits nous dérangent quelquefois. On ne saurait persuader à leurs mères de ne les y point porter tous, ni à eux d'y cesser leurs cris de joie, de douleur ou de surprise. Les missionnaires se fâchent un peu, surtout quand je suis là, car ils craignent que je n'en sois gêné dans mes discours. Mais que sont mes vieux discours à côté de ces cris de l'enfance? Je résiste donc et j'empêche qu'on ne les renvoie. Quelles orgues remplaceraient

par leur harmonie les premières impressions de ces petites âmes
qui se cherchent déjà sous l'œil de Dieu, et qui lui portent leur
premier hommage inconscient, comme ceux des oiseaux qui gazouil-
lent à l'entour et qui célèbrent à leur manière la Providence infinie.

Et ce n'est pas seulement le cœur de Dieu qu'elles atteignent,
ce sont encore les cœurs des pères et des mères que pénètrent ces
voix de petits enfants. Quoi de plus propre à les faire réfléchir, à
leur faire comprendre leur responsabilité, à les fixer dans le bien !
Aussi le jour où nous avons vu naître les premiers enfants dans
chaque ménage, avons-nous compris que notre œuvre était assu-
rée. Et nous ne nous sommes pas trompés, grâce à Dieu.

Avec quel bonheur je vous écris ces lignes ! elles seront certai-
nement la meilleure récompense de ceux qui ont répondu dès l'origine à notre appel et au vôtre.

Après le long silence que nous avons gardé vis-à-vis d'eux, — et
il était nécessaire, pour ne point parler avant l'heure où les résultats seraient acquis, — nous pouvons leur dire : voilà ce que vous
avez fait. Ce ne sont pas seulement des enfants sauvés de la faim
et de la mort, ce sont des générations qui commencent et qui vont
durer jusqu'à la fin des temps, des générations d'Arabes chrétiens
devenus Français, qui vous devront la vie du corps, celle de l'âme,
et qui étendront encore par l'exemple le bien que vous leur avez
fait.

Malheureusement, je le répète, nous n'avons pu multiplier ces
créations autant que nous l'aurions voulu. L'argent nous a manqué
pour tant d'œuvres diverses, et les temps mauvais qu'a traversés
la France ont encore diminué nos ressources ordinaires. Il a donc
fallu se borner.

Nous n'avons pu marier, malgré les secours que l'Assemblée
nationale nous a généreusement votés l'année dernière, que cent-
vingt de nos enfants, garçons ou filles ; et le reste nous devons à
notre grand regret nous en séparer et le placer peu à peu, les jeu-

nes gens du moins, car pour les jeunes filles le danger est si grand dans nos villes que les sœurs de la mission veulent les garder, quoi qu'il leur en coûte, et les constituer en béguinage.

Nos jeunes gens, à mesure qu'ils arrivent à l'âge d'homme, sont donc placés comme garçons de fermes ou ouvriers de divers états, lorsque nous n'avons pu les marier faute de ressources.

Si vous saviez combien ceux que l'on place au dehors ont à lutter contre les infamies dont on les assiége! Certains colons, certains Français, baptisés, hélas! mais qui n'ont gardé de leur baptême que ce qu'il en faut pour donner plus de noirceur à leur malice, attaquent la foi de ces jeunes gens, répètent devant eux contre leurs pères adoptifs, les calomnies horribles qui courent aujourd'hui le monde sur l'Église, sur le Clergé catholique.

Nos enfants, musulmans hier, chrétiens aujourd'hui, doivent subir de pareils discours, les combattre; et ils le font, la plupart, je dois le dire, avec l'énergie de l'indignation.

Je viens, à l'occasion du premier jour de l'an, de recevoir un à un, ces jours-ci, ceux qui sont placés aux environs d'Alger. J'ai l'esprit et le cœur tout gros des récits qu'ils m'ont faits avec la candeur de leur âge. Oh! que je voudrais être assez riche pour les reprendre tous, pour les soustraire à de tels contacts, pour les mettre à l'abri dans de nouveaux villages! Comment faire cependant; je ne puis les marier pour les mettre dans la misère, car la misère aussi est une mauvaise conseillère; et, pour acheter des terres, construire une maison, donner le matériel agricole indispensable, il faut tant d'argent!

Pauvres enfants, ils n'ont rien fait pour être moins bien traités que leurs frères! Quelques-uns même les surpassent par leur énergique persévérance et par la bonté de leurs sentiments.

En voici un exemple tout récent, il est d'hier même, et il m'a remué jusqu'au fond de l'âme. Vous le trouverez peut-être bien simple pour être raconté, mais vous vous souviendrez que je suis *grand-père*.

Hier donc, j'ai reçu la visite de l'un de mes enfants établis à Alger. Il se nomme Charles, comme beaucoup d'entre eux qui ont voulu ajouter mon nom à celui que leur donnaient leurs parrains de France. Ce pauvre enfant est estropié, et nous avons dû lui faire apprendre un état compatible avec son infirmité. Il est cordonnier.

Il a commencé tout modestement par être ouvrier, il y aura bientôt trois ans, en sortant de l'orphelinat. Sur ses premiers gages lentement économisés, il a acheté des formes, des outils, un peu de cuir, et le voilà établi à Alger dans une pauvre petite chambre du quartier Arabe.

Grosses déceptions en commençant. Dans son inexpérience des choses, il a travaillé pour des clients qui ne l'ont point payé ; il ne s'est pas découragé, a repris son œuvre, a trouvé de meilleurs clients parmi ses anciens camarades et ses anciens Pères de l'orphelinat, et depuis deux ou trois mois il a un ouvrier pour l'aider dans son industrie. Il est venu me raconter tout cela avec un certain mélange de modestie et d'assurance ; et surtout il m'a parlé de sa conduite chrétienne, de sa fidélité à se rendre à l'église, de ses controverses avec les Français et les Arabes, où j'ai admiré la ferveur de sa foi et la pureté de sa vie ; et enfin, se mettant à genoux devant moi, il m'a dit qu'il avait une grâce à me demander.

« — Mes camarades de l'orphelinat seraient bien contents, et moi encore plus qu'eux, si vous vouliez accepter que je vous fasse une paire de souliers !

— » Comment, une paire de souliers.

— » Oui, que je vous fasse, moi, pour vos étrennes, une paire de souliers, mais de beaux souliers, des souliers vernis ! »

Vous me croirez facilement, j'ai été plus heureux de cette offre si naïvement faite par mon pauvre enfant, que de tout ce que l'on eût pu m'offrir de plus riche. Il a pris mon pied, sans attendre ma réponse qui ne venait pas, parce que je sentais l'émotion qui arrêtait ma voix et que je ne voulais pas paraître attendri, puis la mesure bien prise il s'est relevé triomphant.

« Oh! comme ils vont être tous contents, m'a-t-il dit, quand ils sauront que Monseigneur veut bien une paire de mes souliers! »

Je les attends et suis sûr qu'ils ne tarderont pas. Blesseront-ils un peu mes pieds? je l'ignore, mais je sais bien qu'ils ont déjà blessé doucement mon cœur.

Voilà mon histoire paternelle! Que ceux qui n'ont point de fils rient de moi s'ils le veulent, bien des pères et des mères m'envieront mon pauvre enfant avec ses pauvres souliers.

Voilà ceux que je suis obligé de laisser sans se marier, exposés à tous les dangers.

Ah! les contes de fée de mon enfance, où de belles dames chargées d'or, portaient à ceux qui les invoquaient les trésors destinés à sécher les larmes! Il n'y en a donc plus?..... Ce n'est pas à moi cependant qu'il conviendrait de le dire, car j'en connais qui sont déjà venues à mon aide; et maintenant qu'elles ont tourné ailleurs les regards de leur charité, ai-je le droit de me plaindre d'elles? Non, je ne le fais pas, et puisque je viens de rappeler les fées, je me contente de mettre devant elles, les souliers de mes enfants; c'est là ce que nous faisions dans nos cheminées, la nuit de Noël...

Que d'hivers passés, depuis, sur ma pauvre tête! et cependant ces souvenirs y vivent encore, malgré la neige qui la couvre, avec tous les feux du printemps!

Mais je vois ma lettre s'étendre et vous prouver trop que je prends, malgré tout, les habitudes de la vieillesse.

Il faut donc finir et cependant j'avais à vous parler encore d'œuvres nombreuses créées, en partie, grâces à vos aumônes, et soutenues encore aujourd'hui par votre charité.

La première est la société même de nos missionnaires qui se développe chaque jour. Elle est pour moi un sujet de consolation et de confiance. Son excellent esprit, esprit d'abnégation, d'humilité, de règle, d'obéissance, de dévouement intrépide se maintient et s'affermit, et j'ai la joie de voir tous ses membres lui rester fidèles. Par une grâce spéciale du ciel, aucun d'entre eux ne l'a abandonnée, depuis son origine, malgré tout ce qu'offre de rude une vie de périls et de règle austère. Elle n'a perdu que ceux qui lui ont été ravis par la mort ou ceux, en très-petit nombre, qu'elle a rejetés elle-même après la première épreuve, comme n'ayant pas les qualités qu'elle exige avec raison pour une mission si sainte et si difficile.

Les stations d'apostolat et de charité se multiplient. Déjà elles ont franchi les limites de l'Algérie. Tunis en a une, depuis huit mois, à Carthage, sur le tombeau de saint Louis ; et nous y préparons un nouveau monument chrétien et national à celui qui fut à la fois un grand homme, un grand saint et un grand roi, trois choses dont notre vieille France était féconde, et dont la France actuelle a besoin de se souvenir pour se consoler de tant d'abaissement et de tant d'idiotisme. Le Sahara compte aussi plusieurs stations, et trois de nos missionnaires sont, en ce moment, chez les Touaregs, en route pour Tombouctou, avec l'ordre et la résolution de s'établir définitivement dans la capitale du Soudan, ou d'y laisser leur vie pour l'amour de la vérité.

A cette œuvre s'en rattache une autre, dont je vous ai déjà parlé, et qui est vraiment pour l'intérieur de l'Afrique l'œuvre de l'avenir. Je veux dire l'œuvre du rachat et de l'éducation d'un certain nombre de jeunes nègres qui seront ensuite renvoyés dans leur pays pour en devenir les apôtres et tuer cet esclavage qui les a ravis à l'affection des leurs, et dont la lèpre infâme est tout à la fois la honte et la mort de ces immenses régions si privilégiées de la nature.

Dans ces climats torrides, les Européens ne sauraient vivre aujourd'hui. Ils n'y peuvent être que des initiateurs. Ce sont les Africains eux-mêmes qui doivent régénérer leur pays. C'est parmi eux que doivent naître les hommes destinés à opérer au nom de Dieu, de l'humanité, de la justice, cette grande révolution qui fera entrer tant de peuples inconnus et malheureux dans la grande famille humaine.

C'est ce que tentent nos missionnaires. Ils arrachent, lorsqu'ils en trouvent quelques-uns sur leur chemin, les pauvres enfants noirs à l'horrible captivité dans laquelle ils gémissent. Ils les rendent libres ou les envoient à ceux de leurs confrères qui peuvent les élever, et ceux-ci cherchent à en faire des hommes pour en faire plus tard des chrétiens. Afin de mieux assurer ce résultat en élevant plus haut leur nature, on les applique exclusivement aux travaux de l'esprit, et notre pensée est d'en faire plus tard des médecins, la profession la moins contestée et la plus respectée dans ces pays barbares. S'il se trouve parmi eux quelque grande âme, et tout nous fait espérer qu'il s'en rencontrera, ce sera le salut. Pour des peuples courbés sous tant de maux, en proie à tant de misères, un homme puissant pourrait suffire à allumer de proche en proche l'incendie qui détruira l'esclavage, cause unique de ces abaissements.

A côté des missionnaires, les Sœurs des Missions d'Afrique continuent pour les femmes ce que les Pères font pour les hommes, je veux dire leurs orphelinats, leurs écoles. Elles y joignent en ce moment un hôpital que nous avons fait construire exclusivement pour les Arabes des tribus, dans la plaine du Chélif, à côté de nos villages. C'est une merveille que l'histoire de la création de cet hôpital, et une autre merveille qu'il soit presque payé, car il vaut près de deux cent mille francs. Je vous raconterai cela quelque jour. Mais pour aujourd'hui, je vous entends dire : c'est assez, et ma vieille main qui se fatigue me le dit plus éloquemment que vous.

Voilà donc la situation de nos œuvres. Elle est bonne à tous égards. Nous jouissons de la paix, de la sécurité, de la liberté, telle que nous la pouvons désirer, car il n'est ni prudent ni opportun de faire autre chose que ce que nous faisons, au milieu de populations dont il faut avant tout vaincre les préjugés par des actes. C'est plus long sans doute, mais c'est le seul moyen pratique et efficace d'obtenir un jour un résultat.

Vous serez, je n'en doute pas, heureux de recevoir ces détails. Je le suis également de vous les donner, et de répondre ainsi indirectement à des bruits répandus en France même, ou du moins dans certaines de ces provinces, par une malveillance persévérante, dont la source vous est bien connue.

On m'a écrit récemment de France, en effet, pour me demander s'il était vrai que nos orphelinats se fussent dissous : cela est complétement faux. Nos orphelinats poursuivent et couronnent leur œuvre, établissant les orphelins qui sont devenus des hommes, et mariant dans nos villages ceux d'entre eux que nos ressources nous permettent de marier.

On m'a demandé encore, si les jeunes ménages formés par nous avaient apostasié. Pas un, *pas un seul* d'entre nos jeunes mariés n'a apostasié. Tous, au contraire, nous donnent l'exemple consolant de la persévérance dans leur foi et dans les sentiments qu'elle inspire.

On m'a demandé si nos missionnaires se décourageaient et quittaient leur société. J'ai répondu plus haut à cette troisième calomnie. *Aucun missionnaire n'a de lui même* abandonné l'œuvre depuis son origine ; ceux qui sont partis, en très-petit nombre, ont été renvoyés après une première épreuve jugée défavorable.

On m'a demandé, enfin, si moi-même j'allais accepter en France, pour raisons de santé, la direction d'un nouveau diocèse. J'ai déjà répondu, vous le savez aussi, à ce bruit mensonger.

Mais tant de bruits ne naissent point tout seuls à la fois, *l'homme ennemi* qui les fait naître, les répand et s'en sert pour jeter dans les esprits le découragement et l'incertitude, pour donner à d'autres des prétextes de ne point agir.

Je suis donc heureux d'avoir trouvé cette occasion de rompre mon long silence et de me porter une fois de plus le garant de la vitalité des œuvres que soutiennent nos Missionnaires et nos Sœurs. Pour moi, je me tiens sur la montagne pendant qu'ils combattent dans la plaine, mais je n'en juge que mieux leurs coups, et je puis vous assurer qu'ils sont portés par des mains pleines de vie, et inspirés par des cœurs où Dieu a mis sa force et son invincible amour.

Veuillez croire, monsieur le Directeur, à mes sentiments les plus dévoués et reconnaissants en Notre-Seigneur.

† CHARLES,
Archevêque d'Alger, délégué apostolique.

# AVIS

—



SAINT-CLOUD. — IMPRIMERIE DE M<sup>me</sup> V<sup>e</sup> EUG. BELIN.

SAINT-CLOUD. — IMPRIMERIE DE M<sup>me</sup> V<sup>e</sup> EUGÈNE BELIN.